AF409299

Уређује
Новица Тадић

Ликовна опрема
Добрило М. Николић

Реализација
Аљоша Лазовић

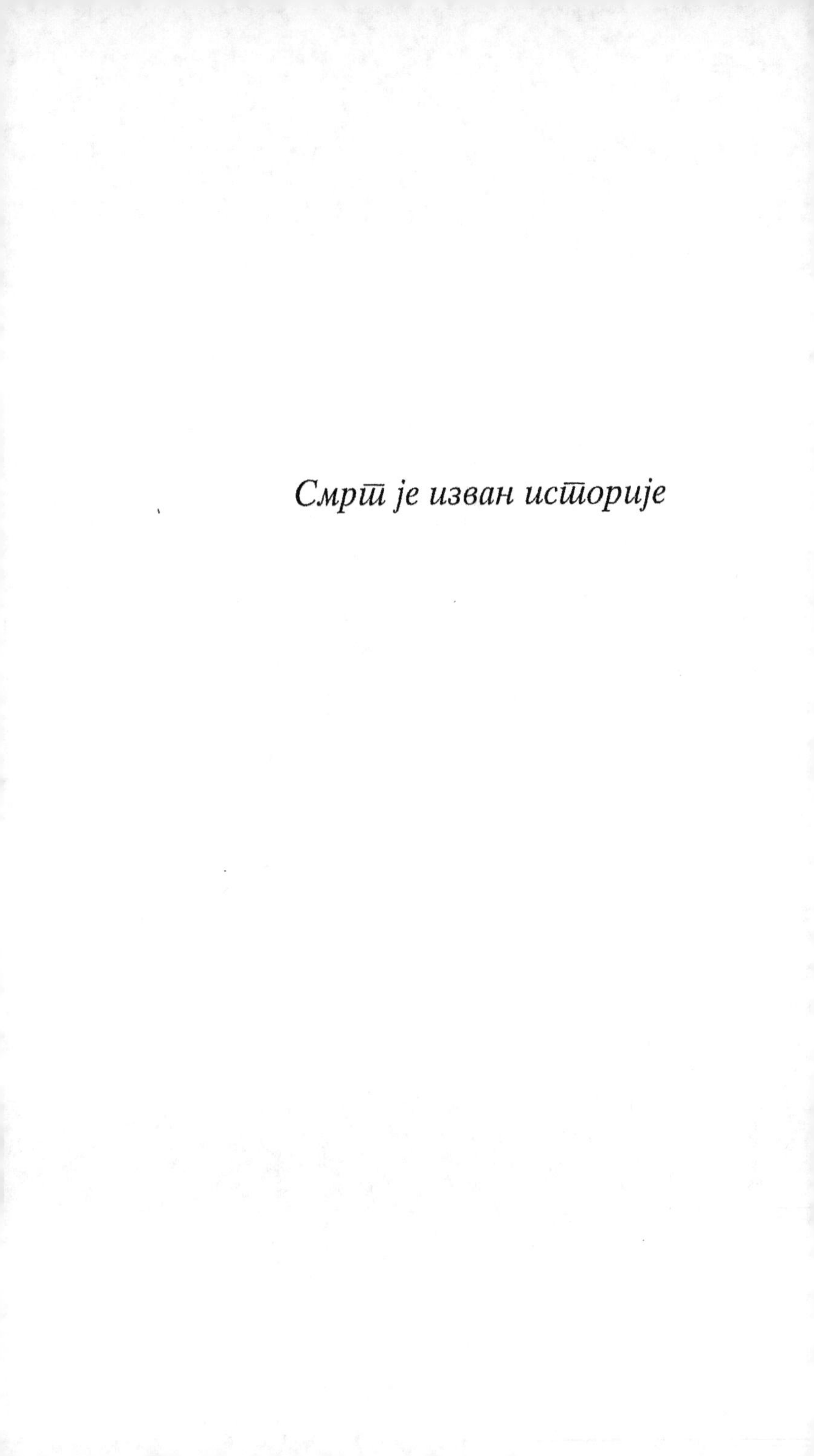

Смрт је изван историје

знакови поред пута

Славољуб Марковић

ДРВО У ДВОРИШТУ

Рад | Београд
1997

Године 1960. моја сигурност потиче од тога
што знам да мајка постоји. Сусрећем је у ве-
черима као лик који уоквирен прозором очекује
нечији повратак. Сваки нови сусрет са њом је по-
новно враћање у детињство. Заправо, детињство су
мајчине приче чија се радња збива у потпуни сми-
рај или глуво доба ноћи. У двема тишинама које ме
највише плаше, које подразумевају удаљавање од
уснулих људи. Тама у којој се одиграва радња мај-
чиних прича, обично у тихим вечерима, митска је,
непрозирна, језива. Носи приче свих жена, животе
људи који живе, или који су живели. Сачувала је
њихове гласове, остварила је њихове жеље, појача-
ла подлости, уништила је разлику између мртвих и
живих. Само се у тами могу измислити зла која нас
плаше. Деца поноћну таму не познају и не могу јој
се одупрети. Стари је узалуд знају. Препиру се с та-
лисманима. Прете у ноћ. Затварају прозоре.

У поноћ други свет царује. Одшкринем врата.
Извирим. Оно што очекујем то и чујем. Гласове
који се једва наслућују, па се затим појачавају, па
претварају у сетну или религиозну песму. Ветар
је појачава и односи. Када се гласови утишају или
за трен нестану, чујем кораке које други очекују:
кораке мртвих.

Иду кроз ноћ.

Не додирујем куће, дрвеће, биљке, чак ни ма-
кете нити мапе градова. Камење, путокази, књиге

на сталажи, мој застрти зид у соби, божанско светло или усијана жица, гласови из звучника који се удаљавају, слова у књизи коју читам и која се сама ко жива листа, боје на оригиналима и репродукцијама: симболи са којима сам одрастао – само су облици материје којих су се прихватиле душе умрлих.

Облике не треба скрнавити јер се њима приказују наши заборављени преци.

Огрнуто пешкиром дете се креће по соби.

Постављен је доручак.

На столу су два кувана јајета и парче сира. Чујем упитне реченице које се постављају сваком детету.

Где је камен?

Покажи прстом!

Волиш ли столицу? Где је столица? Покажи прстом! Шта је корито? Шта је пекмез?

Црно је вода. Плаво је боја камена. Високо је отвор на зиду. Пепео је маслац. Шнајдер је црно или мртво. Мајка је жена која је уснула када се дете вратило из школе. Детињство је завеса. Њише се умазана прљавим прстима. Рука помера завесу са једне на другу страну прозора. Помиче је. Вуче. У сукобу је са завесом иако се она не супроставља.

Довлачим столицу. Пењем се на прозор. Маштам како летим. Имам огроман корак: нога без тешкоћа износи ципеле из собе. Једном чак и висим: руком стежем окно док мој глас не допре до друге собе. Тада чујем прекорни глас мајке. Она ми вуче уво. Чупа ми косу.

Стојим немоћан пред затвореним вратима. Стрпљиво вребам инсекте који долазе до прозора. Вешто намештам завесу чекајући да се инсекти уплету, да зазује или да се одједном утишају. Онда их ловим и набадам на чиоде. Чиоде забадам у дрво. Муве, лептири, осе окрећу се око стожера. Зује. Машу крилима.

„Кроз башту пролази или се представља свет“, рекла је мајка. У башти сам некада садио перодржаља. Утапкавао сам земљу око њих. Поливао сам их. Чекао сам да се на њима укажу разнобојни цветови. Чинило ми се: ако би перодржаља пролистала моја рука не би дрхтала исписујући задату тему, диктат или домаћи задатак.

Мастило се цедило у перо. Тачкице су се касније претварале у мрље које су изазивале учитељев бес и мориле ме у сновима.

Очева сенка се креће ка свећи. Прсти хватају восак који се топи и капље на руку. Отац зна где је сто, кашика. Зна где се налази прозор, одакле допире глас, где се налазе медаље и похвале. Плаши се за живот људи које гледа чежњиво, као да ће ти људи следећег тренутка нестати.

Кроз осветљени прозор око, из дворишта, прати очево кретање по соби. Онда долази глас који дозива смрт.

„Не дозивај смрт. Не вапи за њом. Биће болно моје нестајање иако знаш да ћу умрети. Тешко подносиш што сам жив и што не постојим. Сваком од вас сам постао туђ и далек. Прешао сам уобичајену границу. Не могу оздравити.“

„После толико умирања смрт је изгубила смисао. Смешно је умрети.“

„Мртви су непрестано у сукобу са нама. Већ болест почиње да плаши. И најдражи, када умру почињу да се боре са нама.“

„Нећу да умрем. Залуд дозивате Бога, залуд ме кријете, залуд чекате моју смрт. Шта ако ми власт прети? Живот ми је јачи од тела што га чува. Тело се изгубило, потамнело, изнемогло. Живот у њему бди, попут бунила.“

Отац дозива дечака. Пита: Да ли дечак зна да чита? Да ли зна азбуку? Да ли зна народне песме? Да ли може да их исприча?

Нека дечак иде да спава поред реке! Са друге стране реке врбе су на самој обали. Видим тела купача. И када се дечак буде пробудио, ако не примећује место где је, особе са којима је, колико је година њему и њима, не мора даље да се креће.

Очево име налази се исписано на меницама, признаницама, похвалама, измешаним са дечијим играчкама. Речи које изговара немају значење које он жели да им да̂. Говори поред ДРВЕТА које је калемио и које гледа са прозора. Из грла му извирују сетне речи. Глас му је туђ: мртви из њега говоре или то отац понавља њихове речи. Средњи прст се непрестано уздиже и креће. Повређен давно, са црним ноктом, сада се издваја од осталих прстију. Креће се поред њих. Длан крије ватру која се појављује у палидрвцету. Отац пуним плућима повлачи дим који га трује. Не схвата тумаче његових речи. Не схвата симболе и значења.
„Шта ћеш ти ту?“, пита ме. „Зар не видиш да хапсе и убијају!“
Затим ћути.
Простор за кретање се сужава. Своди се на дуге ходнике које обасјава вештачка светлост. Небо се своди на боју плафона која представља кумулусне облаке. У тескобном простору отац не зна шта ће са собом. Коме су потребне његове тајне? Шта му је преостало од досадашњих дана? Полако постаје отров за небо, за земљу, за воду. Згужвана је мрља насупрот котама и географским положајима јединица. Главе у црнини га посматрају склањајући од његових руку посуђе и ћебад.

Отац руком показује ненасељене планете, поносећи се знањем двадесетог века. Прст задржава на Земљи и усмерава га ка атомским отпацима. Говори на које питање треба дати одговор. Пита: Које одговоре треба прихватити?
Сваке ноћи буди га бука из сна или сећања. Отвара прозор. Не размишља о свежем ваздуху који му прелази преко лица. Гледа како кранови ру-

ше зидине. Под рушевинама су остаци угодних вечери, мирис јабука, део неба који се види са прозора.

У даљини, на околним брдима, речи му личе на биљке. Харфа личи на пољско растиње и трње у међама.

Гледа одсјај вишеспратница. Прети раднику, доле, у дворишту, али тај подиже песницу и виче.

„Закони нас не мењају. Ми мењамо законе!“

Онда се радник погрби и одлази за својим послом.

Отац чује да из ходника допиру гласови. Чује наизменичну лупу ногу. Нико није залупао у врата. Ноге ће и даље наставити да корачају. Отац затвара прозор. У соби се налази сто, једна столица, два кревета које није наместио. Отац затеже чаршав. Брише сто. Склања чаше са пода. Повлачи завесу. Схвата да ништа више не може да промени. Једино се могу променити годишња доба. Онда је отац легао, са звуком чекића у ушима.

Дува ветар. Доноси влагу и свежину. Путем разбацује лишће, отпатке. Долеће од језера. Док дува, мајку боле реуматичне кости и стари ожиљци. „Ветар пролази кроз октобар“, кажем поетично. „Милује ми косу.“

У каменорезачкој радњи титра пламен. Бива кидан ветром. Поново се издужује заклоњен дланом. Светло прелази преко лица, зида, одела. Каменорезац се ослања о зид. Рука узима бокал и сипа воду на мермер.

„Од оних што су нас створили остала су имена у камену. Они што долазе мењају свет“, каже он.

Кратка, месната рука узима чекић. Подиже га. Наизменичним покретима, стрпљиво, чекићем удара о длето. Мермерну плочу дуби шиљати врх: јетка песма каменоресца. Полако се, стрпљиво, слово по слово, указује име, године живота. Светли траг свеће титра по плочи. Осветљава жлебове. Мења слова у имену.

Зар фитиљ мора да гори?

Дах мој распирује пламен. Повија га. Затим се последњи жижак гаси. Соба утоне у мрак. Затвара се питома футрола у којој је каменорезац, непрестано изговарајући: ја сам вајар, провео живот. Он се не љути, иако дувам и када је свећа угашена. Чујем његов уздах. Затим ме пита за шибицу коју руке траже по џеповима.

У просторији је мрачно. Али било куда да крене каменорезац не може да повреди ногу, обори клупу или пролије воду. Каменорезац има жељу да живот буде постеља у којој ће се опружити тело.

Мирише сапуница, прах камена и штирак.

Поподне је било тихо како је уобичајено у предграђима. Сат је најављивао крај радног времена. Врата многих зграда су била отворена.

Мајка је устављала непознате људе понављајући им адресу коју је тражила лутајући улицама.

Позвала је кочијаша – док се улице не напуне радницима – и рекла му назначену адресу. Кочијаш је узео бич. Ошинуо је коња. Фијакер је кренуо кроз пролећно поподне, испресецано сенком. Гледала је исте ограде, градине и бетонске стазе. Чим је видела неуређено двориште, с папирима који су измешани са лишћем, уставила је кочијаша.

Није било потребно покуцати, очекивати шкрипу браве, осетити мирис непроветрене просторије. Стан је био отворен. Врата су била изложена ветру који их је малопре залупио.

Да није негде отишао? питала се мајка.

Обишла је двориште. Погледала је башту. Изговарала његово име. Али, не као да га дозива већ као да разговара са њим. Још једном је погледала завијутак пута који је нестајао испод линије која је секла асфалт и небо.

Отворен је прозор на суседној згради. Мајка је чула глас:

„Ухапшен је!“

То је био глас жене која је одмах затворила прозор. Плашила се да не буде умешана у било шта што доноси тајно хапшење.

Да би посетила тамницу (пошто се налазила на супротном крају града) мајка је морала да се врати истим путем. Наравно, у затвору није очекивала важне вести. Из искуства је знала да ће чувар споро навлачити папуче, јер је под хладан. Стајаће пред огледалом. Дуго ће отклањати недостатке на лицу и униформи. (И лице је део униформе). Највише ће је увредити чуварева лажна упорност да јој помогне. Образложиће да не зна то име. На списку га нема. Можда постоји, али у овом затвору није? Можда је мртав а њих не уписују?

„Даље мораш да путујеш сама“, рекао је кочијаш. „Ја ћу истимарити коња. Даћу му мало зоби. Пре него што одлучиш да путујеш знај: тешко ћеш стићи. Ја тај пут не знам. Чак иако стигнеш он ће седети са пријатељима. Пушиће. Сви који долазе познају га. Кад умремо упознаћемо људе које данас не знамо. Смрт је сећање на дане пре рођења, и на дане после наше смрти. Чак се и мушко и женско стапају у једно. Више се не траже.“

***

У пространом и тамном ходнику, високих зидова прекривених сликама, и уздигнутих плафона који се могу само наслутити и тек ретко – можда у сећању – угледати, ако се која глава подигне ка висинама, ка знаном небу и звездама, збуњена секретарица, најпре нема, а затим осорна, руком показује ка покретним вратима.

Јако светло које пролази кроз отворена врата обасјава половину секретаричиног тела: граница светла и таме га пресеца. Горњи део тела дрхти. На зидовима се указују сенке руку што се мешају, преплићу, са рукама жене која тражи објашњење.

„Не морамо видети ЊЕГА. Не питамо где је изашао, где је прошао, где је нестао? Наш пут је и ЊЕГОВ. За наше исте боли пронашли смо нове речи да би нас уздигле. Да би преко њих видели нас саме. Застајемо ли за речима и колико нас оне мењају када силазе у нас? Чује ли их ОН? Познајете ли га Ви, секретарице, или је за све нас тајна?“

„ОН не прима ваше посете“, каже секретарица. Поче да гони људе из ходника. Удаљава их и моли да се стишају како би омогућили другима да раде. Па зар је њој лако. Непрестано проводи време у тим собама.

***

„Ми поседујемо свест о ЊЕМУ. То је у природи филозофије и психологије“, рече нека девојка. „А ови људи који желе да ГА посете живе у ходнику. То су бескућници, лудаци, ноћобдије, занесењаци, боготрагачи, магичари. Зар не видите да попуњавају празне ходнике са шалтерима и вратима. Чекају. Како то да их има у свим ходницима? Немају где да спавају те им је посета ЊЕМУ изговор. ОН се не може налазити свуда.“

„Буде их. Људи мрмљају. Крећу се. Опкољавају зидове, улазе, шалтере. Пророци, видовити, желе да прорекну будућност. Чудаци желе да ГА опсене. Астролози желе да предвиде дане за догађаје који мењају владаре и законе. Звездочатци желе да нађу астрални простор где се душе стапају у једну. У свести опсенара постоји упражњено место, а ЊЕГА нема. Није га ни било, нити ће га бити. Узвишено место биће увек попуњено. Биће сама опседнутост.“

„Али знајте! То што се дешава у ходнику нема никакве везе с ЊИМ, нити ОН зна ишта о томе. ОН никада није завирио у просторије одређене за помоћнике, секретарице или асистенткиње. Нити је видео ходник у којем бораве људи који желе да га посете.“

18

***

Погасише ионако слаба светла. Затворише једина врата кроз које продире светло. Жена помисли на секретарицу која још говори људима. Није успела да се врати у ЊЕГОВЕ просторије. Остаде у тами ходника.

Секретарица није желела да настави живот у ходнику који мирише на зној и храну. Није желела да слуша хркање спавача.

Чу питање: Чувамо ли у прошлости господ(ар)е? Када ћемо зид правити рукама?

Чу клетве: Измешајте се са утробама својим! Утрните! Исцедите се! Нека закони ваши у крви ваших вена престану деловати! Нека се сила која их носи сама од њих брани!

Кажите нам речи које морамо да чујемо! Кажите их, иначе ћемо их пронаћи! Измислићемо их и биће наше тиховање! Кажите нам речи којима вас хвале, да их чујемо! Наше су колико и ви! Ваше стопе су на нашим телима! Ви по нама корачате, или док се крећемо вас носимо! Дозивам вас, али се ви не одазивате, нити ОН пред нас излази!

Секретарица поче да лупа у затворена врата. Удараше најпре поред браве. Затим о под. Али тај звук не узбуди оне који се налазе унутра. Заплака се.

Док нису успеле да ГА посете жене из реда су ЊЕГОВЕ помоћнице, профеткиње, асистенткиње и секретарице сматрале важним. Виделе су их као изаслänике, гласнике, као носиоце богоумилних речи. Помоћнице се налазе у ЊЕГОВОЈ близини. Сама ЊЕГОВА близина, додири предмета које користи, затварају ране, исцељују болести, спречавају зачећа, убијају нежељени плод, шаљу поздраве ухапшенику или га враћају из затвора.

Али сада асистенткиња би избачена из канцеларије. Нестаде њена надмоћност. Нестаде чаробна моћ која могаше да промени људе. Указала би им на пут. Дала би им савет и опростила грехе. Не могавши да се обузда, асистенткиња удари жену поред себе. Настаде гужва, вика и вриштање.

***

Рекли су: Између нас и ЊИХ нема разлике. Исте су нам боре на лицу, речи, покрети, те као да се познајемо из детињства. Када угледамо туђа лица, иста су као и наша, те видимо само једно лице. Када дођемо до њега раздвојићемо се. Али, ако је лице – које тражимо – наш лик, чему тежимо?

Причу да своје мисли сањамо, да се плашимо да осетимо оно што знамо, слушамо откад постојимо. Оно чему желимо да се приближимо не удаљава се од нас. ЊЕГОВ видљиви део су наша лица.

Затим људи распрострeше поњаве по ходнику. Извадише цигарете и храну. Почеше мирно јести. Чекаху да им неко саопшти да данас не могу стићи на ред. Могу мирно јести давно припремљену храну. Ако би били прозвани? У просторију би ушли умазаних прстију, са залогајима у устима, збуњено би угледали лице које су тражили, те им зато ноћ – када се муке подједнако расподеле, када до ЊЕГА не могу доћи, када ГА кроз патње у себи налазе – преостаје да се хране.

Није се видело да једу, али се чуло монотоно мљацкање.

***

Мајка је кренула улицом којом до тада није ишла. Чак и не погледа назив улице. Тога се сети када поче да се пење уз брдо. Адреса ће јој бити потребна ако поново одлучи да посети ходник са шалтерима. Размишљала је: да ли је назив улице име ратника или политичара, писца или научника? Најчешће, називи улица немају ничег заједничког са људима чија су им имена додељена. Друга могућност је ређа: херој из прошлости је живео у улици која сада носи његово име. Корачао је њоме са штапом у руци и цилиндром на глави. Још је неразрушена кућа у којој је живео. Претворена је у музеј у којем стоје списи, одећа, намештај и тишина после његовог одласка. Посетиоца обузима језа од непокретности одеће која је склоњена као да ће поново бити употребљена, као да чека његов повратак и руке које ће је подићи.

Мајка се окренула још једном и погледала улицу са брда. Калдрма се валовито спушта. Онда одједном тоне прекривена влажним кестеновим лишћем. У дворишту са бетонском оградом су липе. Зграде су високе, тамне и мокре. На углу је телефонска говорница. Коме би телефонирала?

Девојка у телефонској говорници говори: „Посетитељке улазе ломећи прсте, а ОН им руком показује собу у којој би требало да сачекају. Увек се дешава да у соби постоје помоћнице које избацују новодошле девојке. Закључавају врата за њима или их преваром удаљавају из службених просторија.“

Мајка одмах схвати да је реч о гужви у ходнику из којег је изашла. По гласу познаде да је разговарала са том девојком. Девојка је такође препозна. Насмеши се. Рече: „ОН је случајно ушао у просторију која је била припремљена за помоћнице, али у њој никог није било. Просторија је била облепљена сликама асистенткиња које су му, зачудо, привукле пажњу. Гледао је једну по једну фотографију не сећајући се жена које су ту живеле.“

Мајка прекину њену причу.

„Живот би ти био лепши ако би о нечем другом причала.“

Девојка је упита:

„Шта си тражила у ходнику?“

Али одмах се насмеја као да одговор унапред зна. Питање није било потребно, а одговор још мање. Девојка настави своју причу:

„У соби су остајале ствари помоћница које су биле избациване. Прво су чуване у једној просторији која је служила за оставу. Касније – како је било све више поклона посетитеља – нека асистенткиња ГА упита:

Шта да радимо с нагомиланим предметима?

Све просторије су биле напуњене поклонима. Више се није могло ући. Али ОН није чуо питање. Било који покрет руке беше знак да не жели разговор са њом.

Сада у стану нема никог. Ти не мораш више да чекаш. Ја то непрестано, из љубави према ЊЕМУ, објашњавам људима, али они ми не верују.“

Да би дечака понудила колачима мајка цепа картонску кутију. Баца делове папира и целофана у корпу за отпатке. Али када исцепа кутију на којој су исписана слова дечак скоро да врисне.

„Не цепај тај део!“

Набрекну му жилице на врату, поцрвени у лицу, а очи скрију одлучност. Међутим, како је картон већ исцепан, дечак га пажљиво ставља поред себе на већ припремљену гомилу папира. Прикупља делове кутија, хартија, отпадака на којима се налазе трагови слова. Никоме не дозвољава да додирне спискове, делове кутија, јер на картону нешто пише. Трчи од једног до другог човека, отима папире и брижно их чува. Скоро да заплаче када се једна рука у шали спушта ка папирима.

Дечак не зна да чита. Има тек пет година. Две године му је потребно да пође у школу. И дотле, док не научи да чита, папири ће стајати поред њега.

„Ја ћу да ти прочитам“, каже мајка.

„Не!“, вришти дечак. „Ја желим да читам.“

„Али ти не знаш да читаш!“

„Чекаћу. У торби коју ћу носити на леђима имаћу азбуку, рачунаљку, речи на папирима. Носићу кратке панталонице. Ти ћеш ме, мајко, очешљати. Идуће године полазим у школу. Научићу тада да читам.“

„Зар да пунимо собе непотребним папирима. Људи!“, пита жена. „Да ли овде постоји нека учитељица? Подавићемо се од папира. Угушиће нас.“

Дете спава у углу, поред разбацаних ствари, безбрижно, зачешљане косе. У сну не осећа страх од када је напустило кућу и кренуло на овај пут трагања, по праху, траговима, гласовима, знацима, знамењима.

То је оно исто дете из једне приче коју људи чуше још пре његовог рођења. Исту ту причу сада њему приповедају. Дете се родило на путу, у трагању. Његово рођење беше комплетирање слика и симбола који отворише матерницу жене. Сапутници постадоше детиња пратња која се стара о храни, игри, безбрижности, а често детиње речи узимају озбиљно и покушавају да се крећу по знацима које дете наговештава.

Питају:

Шта виде детиње очи у сну?

Хоће ли у његовим очима угледати смирај?

Хоће ли дете другачије прочитати слова на папирима?

Како могу толико да очекују од дечијих снова?

Пролазе дани и ноћи. Препуни су прича, снова, тако да дете не може да упамти те дане иако их носи са собом. Дете заборавља приче, руга им се и брише их из сећања. Једино у сну осећа спокојство. Док лежи на ошараној поњави са црвеним, жутим, белим бојама, понекад му се цима тело, помера рука или нога, опирући се поново или се опушта у сну чију ће садржину сутрадан испричати радозналима. Некада јасне речи детету изгледају неразумљиве. Дише убрзано док му лице светли. Исто као што се његова игра не дотиче деце која трче ходником, плачу или се греју у крилима мајки, тако и његово лице светли ипак не обасјавајући људе, већ их светлост гони, буди, мо-

ри; дете не могу додирнути јер је и оно додир не-
чега.

Не убијајући псе, змије које гмижу, рибе у мо-
ру; не приносећи камење, малтер, жртве поруше-
ним градовима; не пијући воду са река, извора,
кладенца; не служећи непријатељима, слугама, је-
зичатима, лажљивима; не употребљавајући крст
за лажна заклињања; не пљујући у лица и воду; не
носећи сребрни новац за Милитину љубав; не ди-
рајући дечаке старих Грка; не узимајући владаре,
убице, господаре у заштиту; не ужасавајући се
плотског тела и дрскости очију; не тумачећи ра-
зличито трагове за којима идемо; не договарајући
се с херувимом да му препушта најосетљивије де-
лове тела, али осећајући мирис рибе; гледајући
печат, млеко, воду, доручак за шанком, клошаре,
просветитеље, тиране, даскале, глумце, гужву ко-
ја скрива, отуђује; стојећи на улазу и погледом
пратећи излазеће или улазеће људе – којима ма-
ше, шаље им пољупце или им се руга; увиђајући
да су људи потребни само једни другима, да су
њихови производи такође потребни само њима;
осећајући да се херувим храни његовом крвљу;
питајући га да ли се нада еволуцији, али херувим
је забадајући своју сисаљку дубоко у кожу и не
подижући главу наставио да срче крв, не гледаju-
ћи његове рукописе у које би могао да уштрца
своју пљувачку, тако да дечак држећи још хори-
зонт у очима, далеке сенке брда чије се тачке по-
мерају ка обали, мочвару у којој живе херувими и
коју исушују; слушајући још да неко каже: Све
што постоји изван мене је обећано, онда тонући
полако у сан; осећајући да са њим тоне тама и
икона; пружајући руку да пада на потрављени ћи-
лим, чуо је како херувим мирише траву, како
угљевље вреба искру, и ванилин шећер оставља
усне на херувимове ноге.

Дечак у сну ставља руку на лице. Псује. Увиђа да је херувим немоћан. За молитву је изабрао перо песника. Дечак говори о угљевљу и искрченим шумама. Онда помера главу ка слушаоцима. Види да тесари спавају са алатом испод глава.

Ставивши пушку на раме, коју је – упознавши је и наследивши је од предака, растући с њом и уз причу о њој – чврсто ослонио на прегиб; нишани голуба, затим ластавицу, херувиму, питајући се: зашто молиоци не оставе ходнике и не оду да посете гробља предака, јер данас је напољу снег који пада од зоре, те су путеви завејани, споменици такође, чак нема ни пртине, ни хране за душе покојника. Под прстима осетиће молиоци да се органи нису променили. Исти су и даље на свим телима, тако да могу однети љубавнице на бедем порушеног града одакле би посматрале реку, хоризонт, таласе, и где би једино сећање биле рушевине. Због тих мисли херувими се надимају груди тако да дојке почињу да јој беже из руку. Дечак прво нишани срце, затим чело. Али увидевши да међу зидинама нико не живи, да су му на нишану костими; осетивши да је растојање повећано пушком, да не може више бити херој. Рече: Херој је само прича мог оца. Не окинувши рече, да не воли рат у којем је изван опасности јер је толико далеко да само може руководити уништењем. Без обзира што је безбедан, ипак повукавши ороз, увиђа да није добро нишанио јер се свалило нечије друго тело. Промумлавши: У рату је свеједно, био мртав ја или неко други. Схвати и би му драго, што људи сматрају да је борба на помолу – мада њему смрде све теорије о рату, о борбама које је започео а у којима не жели да учествује. Онда затворивши прозор, завукавши се у мемљиве просторије, сентиментално започе причу о покушају бекства из парасвета који му је наметнут, који је једна терапија, који пљачка идентитет. Дечак одлучи да говори у првом лицу, да друге именује, да врши селекцију што је улога Бога, да остави заштитиничке знаке као што су судија, поглавар, господ(ар). Рекавши: Суштина извире из ствари. Ствари су чињенице. Остаје сећање. Сећање је такође у предметима. Затим, задовољан, ставивши пушку у угао да се други користе њоме, гледајући празан простор трга, површину земље, градове на картама, почиње мирно да баца храну рибама које пливају у акваријуму.

II

*Требало је да посетим оца у прошлости.
Перфектом се може посетити прошлост.*
Отац је био болестан. Није знао шта му је али је лежао у кревету. Упитао сам га да није у тамници. Он је рекао да је болесном човеку постеља тамница. Мајка је крила значење његове болести и одвраћала рођаке од посете.

„Из положаја у којем си, можеш да руководиш нама“, рекао сам.

„Осећам да су моје и ваше време различито, или да су исто али да нам различито значе. Гаде ми се речи“, каже, затим додаје. „Хоћу да повраћам.“

Нагиње се над лавором.

Пошто су погашена светла отац види да тама стоји у угловима, виси на зидовима, пење се до плафона, јури низ степениште, окачена је поред прозора. Где је згуснута личи на предмет који може да повреди ногу, руку или да уплаши имитирајући животињу, доушника, разодевену жену.

Људи у тами шапћу речи пророка, безбожника, верника, удварача. Све чујно што долази из таме, као и подмукла тишина, плаши случајно затечене у ходницима. Отац се пита: Где би требало ући? Прислања ухо на зид, само да би чуо речи затворених. Ја га вучем, желећи да уђемо на било која врата.

„Знам“, каже он. „Био сам са њима.“

Остали људи леже на поду, седе, или су заклоњени завесама. Не знам зашто су ту? Ко их чека? Шта им је потребно? Груписани су, ћутљиви, предани сну или молитви. Понеко уздахне.

Отац зажели да помогне човеку, кога не може одвојити од мрака. Кад не би био у ходнику, сама тама би емитовала његов глас. А месечину и слабо светло не може разликовати од дима, који се у слојевима диже с пода.

Пружио је руку ка зиду. Гледао је зрак светла у празнини изнад глава. Познавао је тај дуги ходник са високим плафоном и неокреченим зидовима.

Када размишљам о њему, ходницима и времену, увек људе видим у реченицама његових писама. Једино је он отуђен. Отац је кип који држи змију. Тражим камен или прут чиме бих могао да га одбраним од оживеле змије. Подижем руку. Тресе се. Отварам уста. Изговарам неколико речи. Чврсто хватам змију. Вучем је, али се прсти кидају и падају у пепео. Остатак руке се стеже у жељи да смрска главу змије.

„Змија је само моја. Не додируј је!“ чујем глас оца од којег бежим. Трчим. Пролазим поред дрвета у дворишту. Видим себе буцмастих образа, широко отворених очију: бићу младић другачије загледан у светло.

Док узима фотографије отац би могао да седи за столом и наводи имена биљака у башти, или да чупа траву око корена хризантема, и гледа на сто прекривен мушемом. Не би поверовао да ликови са фотографија прерастају будућност; и док се сећа, као да је у љубави с некадашњим својим телом које трчи плочником. Чизме понекад промичу низ улицу. Може да се укаже дим? Зар жели да сачува гледано са прозора као слику у раму? Зар није довољно што се чује прасак? Па звук је тако резак. Меша се са сопственим ехом. Попуњава целу долину.

„Горе је црква“, глас ће.

„Немој сада да идеш„ императив ће. „Нећу да остајем сам.“

„Тамо се некада ишло на излет“, прича ће. „На брду стоје споменици. У музеју су тапије, писма и заповести војсковођа. Са осматрачнице која се налази на највишем брду виде се шуме, поља, село, утрине, косе, пречице, путеви, димњаци, вајати. Тишина је разапета на пушкама турских, српских и немачких војника. У књизи се на неколико страна описује бојиште. У архиви се налазе наређења и прокламације. Од завијутка, стрме обале, до платоа и првог узвишења, у вијугању корита, протеже се линија фронта. Шума на почетку брда је ретка. Зато су стабла огромна. На њима су рупе од куршума и урезана слова. Значење речи ретко сам могао да одгонетнем.“

„Кад смо последњи пут долазили, видели смо рdocове. Још се нису обурвали и обрасли трњем. Слике оруђа и костура су ретке. Скелети су прекривени земљом дубље него историјом.“

„На неким стаблима урезана су имена мртвих. Испод имена су године и датуми погибије“, прича ће. „Има и порука умирућих, али је немогуће прочитати их. Борци су бирали висока стабла која су брзо расла и развлачила слова по кори. Стабла из чије сам коре успела да издвојим речи налазе се у сенци остарелог дела шуме, тако да су закржљала. Кора слабих стабала сачувала је јасну поруку.

Овде је покопан Милентије Поповић.

Онда је искривљена стрелица показивала део земље где би требало да се налази гроб. Испод имена – нешто ситнијим словима – писало је: **Волео је Јелену.** Даљи трагови његовог живота били су неразговетни.

Тумачио сам још неколико натписа који су били јаснији. Обилазио сам око стабала. Читао сам поруке са једне или друге стране. Препознавао сам нека слова. Тајну порука ипак нисам одгонетао. Само сам још једну поруку успео да саставим на основу препознатљивих знакова. Још ми није јасно: Како баш она избија из тих слова! Није ли то моја порука?

Желео је овде да га сахране. Његова домовина је једна.

На самом врху брда дан личи на етар. Поље се шири на картама испреплетаним меридијанима. Простире се шума пред очима команданта. Ти би сигурно видео могуће правце кретања непријатеља. Знао би који су делови батаљона привукли највећу пажњу нишанџија. Видео би положаје разорене плотунском ватром артиљерије.

На врху брда су споменици. Одбачени су као маске војсковођа који немају више војника. Слова на споменицима су изгребана. Заметнула су се у камену. Уложио сам велики напор да би знаке извукао из лишаја, али већина натписа има исту садржину:

На овом месту је херојски погинуо, онда је написано име и чин, **и хвала онима који су одгајали такве синове и дали их за отаџбину."**

„Неко жели да руководи језиком?", питање ће.

„Ја сам зато у првој линији фронта тражио натписе, међутим, нисам могао више ниједан да одгонетнем. Често идем да прочитам ова два натписа. Плашим се да не ишчезну."

Док стоји у соби; кревет у углу, напрсло стакло дугметом причвршћено, отац слуша помпезну причу о бици у којој је учествовао. Грубим покретима, са жељом да му задају бол, вешто, са много ситничења и провера, везали су му за диреке дуге и кошчате руке. На ноге су му ставили окове који су звецкали док је на њих падао чекић подизан смиреном руком мајстора. А онда још једно цимање ужета, ритање ланца, ствар рутинске провере која задаје бол: криви се лице са ожиљком. За тренутак прогонитељи стоје разговарајући, не гледајући његово тело које се препушта везама на којима виси.

Чија је то прича? Зар отац у поноћ улази у ту причу? Дозивам узбуђене људе, будим уснуле, вриштим! Не десише ли се битке одавно? Приче немају места која су им припадала? Не узносе више. Лажна је сличност с некадашњим причама.

Тумачи описују свет везан речима. Сликају га, те му изналазе и изокрећу значења. Играју се светом као да га они стварају.

Не знам шта се дешава у тој причи? Шта скривају слике?

То што се аутор љути, у тексту може да се претвори у дијалог или монолог, али његова срџба која долази изван приче? Аутор може да уништи причу, да је прецрта или поцепа.

Да ли прича постоји написана? И кућа је срушена. У имперфекту је детињство далеко. Људи су мртви. Остала је прича о крају живота. Дани су нанизани на концу, непомични, сликовити, те их ветар њише, меша, одгони, изједначује и поново враћа у снове.

Није ли та прича из сећања? Са страница историје? Ко приповеда причу деци? Нису ли деца одрасла да сама могу читати приче?

Постављам оцу питање... Отац не признаје да зна ту причу, да је учествовао у бици чију стратегију хвале.

Она

Изложио си главу и лице сунцу које се по-
маља. Затворио си очи да би капци упили
треперење светла, па их затим отворио. Угледао
си степениште: видиш моје ноге које се крећу у је-
дном или другом смеру. Досадно је то кретање
ногу које ниједном не застану. Можеш да их гле-
даш лебдеће, желећи да запазиш њихову лепоту,
облик чашице, маљаву цеваницу, али је нога један
исти облик који је много пута приказиван кипо-
вима.

Онда почињеш да набрајаш имена стараца.
Прво, сасвим тихо изговараш надимке, затим све
јаче изговараш имена. Али старци се не одазива-
ју. Укућани неће да ти одговоре зашто се не јавља-
ју. Узалуд дозиваш старце. Не чују те. Глуви су ти
људи. Не излазе из кућа. Седе поред распаљених
ватри. Дувају жар. Слушају пуцкетање гранчица.
Када се укаже пламен старци полако приближа-
вају ноге ватри. Пси старцима лижу прсте. Једу са
њихових дланова.

Одједном си на жици угледао кошуљу коју је
носио покојник. У пометњи су заборавили да је
скину. Ветар њише кошуљу и надима је. Кошуља
без тела личи на празан сандук. Постаје посте-
пено капа, затим капут који ће ставити у мртвач-
ки сандук и послати ујаку, сада, када сахрањују
деду.

36

Године 1960. мајка утрчава из друге собе да начета јела замени новим. У журби износи тањире држећи их на пруженим рукама. Мајчина пажња и поглед усредсређени су на прсте. Посуђе може да слети са дланова и уз тресак се претвори у неупотребљиве комаде остављајући велику, масну мрљу на поду и поњавама. Мајчина прса стоје умирена. Пара и топлота појачавају јару њеног лика. Мајчина коса прекривена је марамом везаном на затиљку. Њене танке усне развучене су у осмех. Ибрик. Мајчине руке су беле. Нису за разбој и вез. Крећу се независно од јелека и рукава. Лебде испружене или светле положене на чаше, тањире, стољњаке и чипке. Мајка пази да јој гости не додирну пазухе и уздигнуте груди уздрхтале од убрзаног дисања, неме, изазовне.

„Село изворе има за лице девојачко. Девојка руку има да се од сунца заклања“, певаше мајка.

Још стоји слика собе: мајка. Гости. Иконе на зидовима. Рог на којем је, прободен, издахнуо деда виси окачен на зиду. Мајка га обилази заједно са осталим знамењима куће. Носи суд са водом. Труни босиљак у чинију и светом водом прска рог.

„Сад брани кућу“, говори мајка. Креће се. Стаје поред огњишта. Баца гране на ватру. Шкропи их. Увек када прође поред колевке зањише је. Зашкрипи она. Заљуља се да би се касније лагано клатила. Мајка дође до прозора. Види да је колевка празна. Запрепасти се да сам ја већ отишао. Предочава црпку и долап у једној песми коју сам учио напамет. Сећа се коња који вуку фијакер и њиште.

Деда може да се врати, да пробуди уснулог духа.

И пре него што ти је мајка умрла ти си већ ретко долазио у родни крај. Кућа у којој си одрастао није била срушена.

Нестали су официри и униформе које су се лепиле за вижљаста тела. Двориште твоје куће било је изровано кртичњацима. Књиге које су твојој мајци служиле као светиње беху бачене. Обарана су стабла која је називала својим и поред којих је корачала.

Твоја мајка је прикупљала књиге. Чувала је скривене и упаковане хартије. **Речи** су ишле за траговима који обилазе зидине и тамнице. Кретале су се ка пустињама и лавиринтима. **Речи** су сустизале трагаче. На **речима** су се грчила лица, копрцала се, стезала и на крају прскала.

Реч којој се твоја мајка клањала, никада не спозна.

Знала је шта реч може учинити, ко је може казати, чију молбу може услишити, које просторе може превалити. Ко јој се може прилагодити? С којом другом речју се може сложити? Али то не беше **реч** за којом трага, **њена реч.** Одлучи зато да је ћути.

Док је певала коса јој је падала на очи. Руке је прибијала уз груди. Глава јој је била уздигнута ка небу и сунцу. Није гледала, само је њен поглед био усмерен ка облацима. Гледала је негде другде. Очи су јој биле усмерене у нејасно и мрачно. Људи који су пролазили поред ње застајали су сузних очију. Твоја мајка је стајала занета певањем. Слушала сам њене песме које су долазиле са брда у току тихих или ветровитих ноћи. Памтим њене приказнице. Очи су јој биле раке што сахрањују прошловиђено.

Од Висле и Одре, од Карпата, твоја мајка није знала да тражи рођење. Није га ни тражила.

Сва исељавања, лутања, прогонства, погроми, хапшења, дозивање Бога били су тражење, и њој се чинило да је све ближе откривењу. Други су кроз њу завршили лутања.

Пре него што сам научио да изговарам све гласове, маму сам називао **тамом.** Уместо да изговорим МАМА, ја сам уз напрезање успевао да кажем: **Тама.** И било коју другу реч уз **таму** увек сам везивао за реч МАМА.

У соби слушам топли мајчин глас. Мајчина рука помера тањир. Доноси тацне. Њени прсти додирују лице. Тону у њега. Мајчин длан не може да се одвоји, да исплива, из меке коже. Њено лице постаје отвор кроз који мама сама може да исцури.

Каже: „Напољу је топло. Седи ту поред мене. Буди у соби."

Видим: Са сунца отпадају зраци. Вуку се по сасушеној земљи, камену и бетону. Не излазим. Топлота долази до собе. Пење се. Покренула се рука. Мајка је лежала опуштена. Њено тело се грчило у сну. Обмотавала се чаршавом.

Мајка није знала шта јој је, али је лежала у кревету. Поред ње су се уздизале, а затим спуштале, те вијугаво нестајале гомилице пепела. Нисам хтео да је упитам: откуда тај пепео? где га је нашла? знао сам да пепео за мајку има дубље значење.

Каже: „Пепео морам да сачувам."

Прибија се уза зид и пружа прст према пепелу. Пошто је пепео на чаршаву у сећању се открива ДРВО. Посађено је недалеко од куће. Калемљено је. Широка крошња се уздиже изнад крова. У мајчином сећању су гране, петељке пуне плодова који висе или покидани падају и остају смрвљени у трави. Првих дана зрења, са најнижих грана, дечијом руком су покидани плодови. Мајка се зато пење до самог врха. Смешта се имеђу грана. Ослања се. Халапљиво једе прве плодове. Гњечи их језиком осећајући како јој се у устима разлива сок.

Са врха дрвета пљује коштице.

Оно што је мајка некада гледала вечно је. Види сопствену мараму којом је заоденута глава. Види блузу, хаљину и детиње лице. Дете спава у тишини. Око колевке се померају мајчини прсти. Мајка тако споро покреће колевку као да у сну љуља дете. У оваквом тренутку спокоја свака изговорена реч била би сувишна.

Успаванка је у предању, а око колевке миришу плодови.

***

Ко краде цвеће са кафанског стола? Ко силази степеништем? Ко пролази ходником? Ко чује вапај? Ко отвара врата и пита: Да ли је слободно? Ко мотри употребљаване, овештале и трошне ствари, поливене шећером, камилицом, исцеђеним лимуном, знојем што се увукао у чаршаве, ћебад, у одећу разбацану по поду, те га само други — намерно остављени мириси — потискују показујући болесничку постељу другачијом? Коме се болесница може пожалити? Каже да нема ко да је служи. Само по укусу познаје воће. Само по звуку познаје ко говори? ко пита? ко наређује? чија је песма? ко паде? ко запева? ко је роб? ко ктитор? ко познаје зло? ко носи добро? ко говори? ко ускраћује? али не зна одакле долазе звуци. Нису ли звуци из природе? Можда се стварају у самом слуху?

„Ја сам створила таму. Нема свода ни облика. У њој се не види биље ни животиње. Не виде се

40

потопи, прогони, тучкови, прашници, семе, птичија jaja. У тами се не виде трагови, решетке и њихове сенке. У тами не борave гробља, споменици, стари ожиљци. Тама је без молитвеника, крста и вина. У тами се странује. Унутра не може да уђе егзарх, кулак, никакав јеретик. У тами нема дарова и поклона. Никакве новости у њу не стижу. У тами не пролазе године. Не стари се и не умире. Људи не знају да ли су живи. У тами су хаљине избледеле и болести нестале. Тама се не може осветлити Сунцем и свећом. Узалуд неко доноси светло. Више ни ја таму не могу осветлити те сада живим у звучном свету.“

Болесница одмах тражи нож иако перорез стоји на дохват њених руку. Узима га али не знајући за шта може да га употреби, кришом га спушта у кревет и затура.

„Уткано је то у човекову природу“, каже болесница. „Непрестано очекује крај. Мало је савршеног од оног што познајем да се може поистоветити са крајем. Смрт је крај. Њу непрестано очекујем. Размишљам о њој. Тешко ми пада смрт других. Људи са којима сам одрасла су мртви. Сахранили су их пре него што сам могла да присуствујем погребу. Живот се са њима одавно завршио. Детињство је прошло. Само сам још смрт предака очекивала. Кажем: И смрт, коју сам очекивала, прође. Поново се појави осмех са задовољством и лице прекрије блаженство.“

Болесница пита: „Зашто не долазиш? Зашто се не одазиваш?“

Подиже руку и каже шта треба склонити. Пре свега крпе и облоге. Затим каже коју воду да просипа, коју да замени, којом да полије цвеће у саксијама. Било би лепо да он направи нови распоред ствари: да промени место креветима, шифоњер да повуче до средине собе, да јастуке премешта гледајући их у огледалу.

Ко затим седи на кревету поред болесничиних ногу? Чита новине, гледа тапије извађене из шкриње. Пита се: Шта је преостало од те жене? Али она га, наравно, не разуме и не одговара. Ко констатује да овде, на крају града, где ствари и људи налазе своје место као у забораву, време поузданије траје? Ко погледом тражи гнездо? Помера главу у једну страну. Криви је док погледом не ухвати подметнуто јаје. Створчић у њему је схватио превару. Још се птић није ни излегао а усађена му је подвала коју ће несвесно извршити.

„Е, тако. Сада соба другачије мирише. Посетиоци се неће плашити смрти.“

„Чујеш ли птицу?“

„Не чујем је?“

„Али ја је чујем.“

„Где је чујеш?“

„Ти не можеш да је чујеш. То је само моја птица. Она не пева другима. Само мени пева и зато је не чујеш. Хоћеш ли и ти да имаш своју птицу?“

„Идем да видим птицу.“

„Не дирај птицу! Немој да уништиш гнездо и јаја у њему! А можеш и да их уништиш. Свеједно ми је. Моју птицу само ја чујем. Само ја могу да је не чујем. Ти не можеш да је убијеш.“

Јесен је била чаршав на столу. Хладни су би-
ли дани а киша је пунила посуде заборавље-
не на баштенском столу. Дан се завлачио у ноћ и
небо. Ја сам био опружен у октобру. На тераси
стана саксије су ме училе како треба живети. За
њих сам пронашао земљу. Ја сам дуго живео у
саксији. Захваљивао сам цвећу које се опоравља у
лечилишту, поред прозора. Од сунца сам научио
како да га проналазим и миришем.

Средином јесени већ сам се опоравио. Више ни-
сам морао да будем са цвећем. Али глава и ноге по-
ново су губиле сигурност. Често сам малаксавао.
Питао сам се: Шта се одомаћило у телу? Гласови
посетилаца? Лекови? Животиње? Њихова сенка
или ловац који их прогони?

Ево, одавно је јесен. Ја сам тек сада трчао по
киши. Ципеле су са земље подизале блато. Са сун-
ца су већ отпадали зраци. Дрво је обукло сенку.
Док сам се опорављао, размишљао сам о женама.
Груди жена у излогу, на вештачким девојкама, ис-
под окачених кошуља.

У башти сам видео пса како закопава кост.
Узео сам камен и гађао га. Пас је подигао главу и
лајао. Онда је шчепао кост и држао је зубима.

„Касније ћеш мислити да имаш револуционар-
ну прошлост“, урлао сам на њега.

„То је мој пас“, рекла је девојка. Дозивала је
пса. Подизала је његову главу. Обгрлила је. Же-
лела је да сачува пса и отме га од неког. Затим је

нежно помиловала накострешене псеће длаке. Хаљина јој је била скупљена у струку. Дојке су ослобођене. Додиривао сам девојку.

„Да се прошетамо?“ питао сам је. „Да седнемо негде?“

Девојка је непрестано вртела главом. Изненада сам јој стегао тако блиске, примамљиве, скоро понуђене дојке. Девојка је била збуњена. Мислила је: моја рука је случајно пала на њене груди. Али како сам почињао да милујем набрекле дојке, девојка се отимала и одгуривала ме.

Прсти су ми били забодени у меке дојке. Руке више нећу да перем. И док ме је девојка гађала и пас трчао за мном ја сам руке пажљиво чувао држећи их изнад главе.

Ево, поново сам на тераси. У даљини су светла облакодера. Вечерња бука је у ваздуху. Погледом са терасе обухватам велику зграду и натпис на једној продавници. Остали део улице, са светиљком у средини, као да се налази у самом оку.

У соби нема никог. Девојка није пошла са мном. Више нисам болестан, али сам топли предмет који служи за получасовно седење у столици.

Седи на кревету. Ноге су јој повијене. Видим стопала у чарапама. Колена су прекривена сукњом. Тело се цимнуло када је чула мој глас. Глава која је пратила текст се покренула. Прсти су прошли кроз косу, јер девојке прво помисле на неуредну фризуру. Очи су тамне и дубоке. Лице је дуго коришћено и нападано кремама. Видљиве су јасне и велике поре.

„Соба је ужасна“, каже. „Соба је отпад. Стоје у њој поклони љубавница и распрострти папири.“

„Нећу да те слушам“, кажем ја. „Живот је физичка и еротска вежба.“

Гледа улицу испуњену лицима и капутима. Држи у руци папир или књигу. У даљини се види повијена кула старог града. На углу је апотека у којој су припитомљене болести. У соби је топло. Кроз одшкринута врата чујем прекор газдарице због честе употребе телефона. Ослања се на моје раме. Загледа се у даљину. Каже:

„Кроз прозор се може у свет, али само што поседујем улази у моју собу.“

Обукла је хаљину као пре неколико дана. Тело јој се под њом гиба. Ланчић који виси о чланку ноге личи на окове. Увијам се око њене ноге. Гризем метал зубима.

Спушта се ноћ: постаје одаја. Унутра уђе врч и кандило. Сада је ноћ отвор са мирисима њене коже.

У кафани прже рибу. Плин загрева лонче за кафу. На обали ветар дува снажније. Лакше се умотава око отпадака. Обавија их и односи.

Клечи поред мреже коју су крпили рибари. Увојци косе се мешају са ужадима. Свака реч коју изговори је топла. Једном младићу је облога за болесног Орфеја. Песнику је ципела. Тоне у песак.

Раздувавам косу налеглу на њен врат. Подигла је пегаво лице ка мени. Сенка крошње разлива се по њему.

„Шта ако би се појачало магнетно поље?“ питао сам.

„Отежале птице престале би да лете. Била бих тежа. Камион би био тежи. Морала бих поново учити да пливам“, каже она.

„Нестала би сигурност коју даје земљина тежа“, кажем ја.

„Не разумем тај закон природе“, каже она. „Не разумем болиде који скрећу у орбиту земље. Засветле и бивају уништени.“

„Овако могу рећи“, кажем. „Од твог присуства појачава се магнетно поље.“

Она тог тренутка покреће главу.

„То је дивно“, каже. „Може да буде стих.“

На календару посматрам дане које би требало послати у заборав. Дане који су испуњени истим догађајима, те не знам да ли су јучерашњи, данашњи или сутрашњи.

Она мирно спава. Осећам како време пролази. Јуче је била јесен. Непримећено је, затим, прошло лето. Јуче је отишла. После шест дана се вратила. Да ли је уопште одлазила? Да ли сам ја обилазио радионицу? Да ли смо заједно хранили дане телима и догађајима? Или се само снебивамо, тражећи задовољства.

Лице јој је спокојно. Често пружам руку да га помилујем. Она не размишља о Тројанском коњу, о окрвављеним мачевима. Сања тежак дан, стреле у петама, поломљене бродове. Буди се.

„Спавам сном Јелене“, говори ми.

Мозак мисли. Несвесно йосйоји и йровирује. Брод йоне. Свако йело које је у води, а има већу сйецифичну йежину од ње, йоне. Реч је изговорена. Уво не чује йесму. Организовани свей објекайа? Нерви који носе обавешйења имају бочна влакна која иду у рекйикуларну формацију. Рука радије убија. Тамница осећа закон. У њој је угодно. Око не види јаку свейлосй. Тама му йакође смейа. Кожа осећа миловање. Дојке осећају усне. Сйрах йлаши. Гнев сйуйава. Умни количник се може измерийи као и број крвних зрнаца.

Он

Руку подижем високо. Гледам у њу. Померам је лево, десно. Уставља је као симбол. Не волим уздигнуте руке које се протежу кроз историју. Али на мојој руци видим гомилице поткожно згрушане крви, које ми личе на плодове тамних купина, тако да зажелим да их исисам заједно с крвљу.

Топлота пече лице и усне. Спречавам кожу да се не утисне у дрво, украсе и наките. Користим се телом као што се користим прибором за јело. Дуго се клатим у столици за љуљање. Кожа ми стоји на сунцу. Могу је разапети уместо једра. На карти видим Трогир. У анатомском атласу гледам попречни пресек вулве. Да ли сам спокојан?

Светло је замагљено. Са прозора не видим звезде, уличне светиљке, нити чујем гласове. Увече само видим кафу и хлеб. Вијуга миришљави дим из шоље, а музика непрестано испуњава собу. Тонови сипе из магнетофона. Улазе у ствари. Цела соба је звуцима натопљена. Седим поред кревета и правим колутове од дима. Прекривам кревет чаршавом. Затим бацам касете у корпу за отпатке да више не истискују исту музику.

Приближавам ти се. Ти стојиш поред посуде са земљом. Око тебе је цвеће. Не могу да разгрнем стабљике и своје тело опружим поред саксија. Откидам три пупољка крина и поклањам ти. Коса ти је делимично офарбана. Светложути праменови се издвајају од природне боје косе. Рука подиже увојке. Засветле минђуше. Љубим твоје уво. Шапћем:
„Метал је био изложен мучењу док су направили минђуше за твоје уво.“
Не противиш се док кидам пупољке цвећа, ваљда зато што их теби поклањам, али кажеш:
„Ниси добар видар.“

Искидао сам цвеће и ставио га у вазу. Рекла си да мирише – оно кричи. Сипао сам воду у вазу и рекао: Трајаће. Цвеће вене, а ја доливам воду. Суши се а ти кажеш: Већ одавно траје.
На чивилуку виси мантил влажан од кише. Говориш:
„Имам много бронзаних споменика. Толико их је да испод сваког стоји мушкарац.“
„Ти си владар“, кажем.
Говориш како су узгајали у теби песнике, научнике, лопове.

„Закони су ми прилагођени. Тело мушкарца је саобразно мом телу. Нико толико није спомињан као моји органи. Због мене су склапани уговори и обнављани ратови. Јабуку сам ја измислила, и змију“, говориш и смејеш се.

Развио сам славину да би шум воде надјачавао гласове. Посматрао сам како прсти раскопчавају хаљину. Сагнуо сам главу ка грудима као да ћу пољубити врат и дојке. Шапнуо сам:
„Нећу да те изгубим.“
Затворио сам славину. Гледао сам дојке. Додирнуо сам брадавицу.
„Држимо се и даље тела као појаса за спасавање“, рекао сам. „Шта учинити са твојим телом? Да га мењам? Или да га заборавим?“

Буди се девојчица која је до тада спавала. Дозива мајку. Ти се надаш: наставиће дете да спава! Међутим, оно почиње да плаче. Са чивилука скидаш хаљину. Огрћеш се њоме. Заштитила си кукове. Дојке су утонуле у наборе хаљине тако да изгледаш мање примамљиво. Скоро ме одгониш. Девојчица је сањива. Плаче када ме угледа. Тешим је. Покушавам да јој додирнем руку, косу или главу, али она вришти. Рита се. Ручицама затвара очи. Окреће главу да би се скрила у недрима. Из џепа вадим папир. По њему се разлива песма која говори о слаткишима. Песмом пажљиво увијам чоколаду. Личи на упаковани поклон. Дете је за тренутак утешено. Најпре жели да једе чоколаду, а затим захтева да јој читаш шта пише на папиру. Обриси твог лика личе на кип. Бацаш опушак цигарете. Вучеш ме за руку:
„Хајде да корачамо!“, кажеш. „Нестаће напетост.“

Бришући руком стакло по коме се нахватала пара издижући се из судова гледаш како у улицу улазе људи са шареним капама, накићеном одећом, маскама, амблемима, бацајући каменчиће у твоје прозоре. Уместо да отрчиш на улицу и поздравиш учеснике карневала, да заједно са њима изговараш молитве и претње, да изводиш бурлеске, само застајеш збуњен. У теби се ништа не дешава иако улицом пролази карневал. Учесници певају исте песме као некада када су били важнији и када си их очекивао.

Кажеш:

Карневал?

Али речима не успеваш да надокнадиш празнину. Карневал више није твој. Карневал је давно умро у теби; други га изводе и доживљавају. Осмехујући се шапћеш: Нестаде још једна радост. И онда се питаш: Да ли су то исти догађаји којима си се радовао и које си жељно очекивао, непрестано понављајући питања о почетку карневала, или те сада машкаре узнемиравају трошећи новац родитеља у оргијама и политичким протестима?

Шта ти још причињава радост?

Не можеш да се сетиш? Мачке, пси, војници који су те радовали давно већ добијају лик наказа. Знајући да је радост у нама, да је догађаји и ствари само откривају, стрпљиво посматраш како почиње да веје снег. Појављује се дим. Гвожђе! Плач са мансарди! Људи излазе на улицу. Смеју се. Чује се звук трубе. Видиш само белу боју пахуља.

Топло је пошто пада снег. И у соби је топло. Желиш да трчиш, трчиш, трчиш! Лежиш на поду не би ли земљу осетио тежином тела. Отворен је прозор. Гласови. Аутомобили. Светлост у снег умочена.

У граду мртвих предака нема. Ни њихове одеће, ни кревета. Умрли сусед припада другом стану. Плава шоља из које је пио кафу, сада је у контејнеру. За воду што капље из славине није везана ниједна бабина прича. Ничија онострана рука није је додиривала: вода што капље током ноћи значи да је гумица излизана. Кукавица испод прозора, није она кукавица из детињства, чак се и не зна њена слутња. Умрли су они на чијим сам телима гледао ожиљке од метака. Њихове ране и приче замењене су мојим записима. Антене на крововима подсећају ме на косе. Али у граду нема траве, и на терасама при месечини, станари говоре о дрвећу у двориштима.

Увече, враћајући се, поред зида са плакатом, шушти хаљина девојке. Намештамо се као позирајући модели: у стаклу се види померање њених кукова. Покапао је восак по степеништу.

Ноћ је крај прозора тиха. У стаклу се топи снег. Црни се мак у леду. Промичу светла аутомобила. Врти се излизани филм на видеу. Седимо у изнајмљеној соби. На столу чиније. Репродукције на зиду замењују баште. Љубав смо приказали једном порно-сликом. Девојка на спрату ниже студира медицину. У анатомском атласу штапом показује кости понављајући наглас њихова латинска имена.

ТРИ ПРИЧЕ ИЛИ
ТРИ КРАЈА

ПРВА

у имперфекту

Отац много знаше о биљкама. Препознаваше их по цвету, плоду, по листовима којима маме или застрашују. Знаше која биљка који пелцер одбацује, те годинама остаје усамљена чекајући да јој се нека врста придружи; да се помири с њеном нарави. Он то називаше љубављу једне биљке према другој.

Отац знаше шта значи дуд у сну, шта смоква, шта липа? Знаше шта значи посађени орах, посађена крушка или шљива? Знаше који је камен граничник, а који симбол или оријентир.

Калемише ДРВО У ДВОРИШТУ. Отац дариваше ред биљкама. Скидаше ножем кору. Увлачио је у засек нежни и безвољни пелцер. Храбрио га је да се увуче у јачу биљку. Нека је преобрази. Нека јој укине досадашње навике. Нека се осамостали! Нека је љуби! Нека јој тепа! Прихватиће га!

Говораше: „Имам моћ над дрветом, али никако да се ослободим туге што ме често презиру сасушени калеми.“

Руком показиваше светло. Жмурише да би ускратио себи оно што види. Одбациваше видљиво. Остајаше сам гледајући ДРВО У ДВОРИШТУ, шуму у магли у којој бејаху обронци, брда, понеки заселак, напуштене куће.

Отац је са прозора видео децу која бауљају једући плодове који су са ДРВЕТА пали у траву. Нити светла личиле су на покидану завесу која је високо окачена. Њени делови падали су на кров, жицу за веш и виснулу кошуљу.

ДРВО је било високо и снажно. Најниже гране додиривале су зид куће, а највише су се њихале на ветру тако да су плодови падали на земљу. Висока трава је спречавала распрскавање плодова. Ублажавала је њихов удар о земљу и крила их.

Очев поглед са прозора пратио је умршкану децу која су бауљала по трави. Сисала су плодове и покушавала да се успну уз ДРВО. Плодови на врху ДРВЕТА били су примамљивији од оних које је прекрила трава.

Иза очевих леђа сам замишљао непромењени распоред ствари у соби. Орман на којем су се налазиле менице, тапије, одликовања. Отац је устајао, кретао се, померао завесу. Поново је видео ДРВО У ДВОРИШТУ, траву, ограду. Та слика је била замишљана и у рату: исти хоризонт, кров и башта. Очев поглед са прозора је пратио лик мајке прекривене марамом. Носила је нарамак дрва. Корачала је полако док је у неједнаким размацима одјекивала тутњава топова. Звецкали су прозори и цела кућа је подрхтавала. И када су се топови удаљавали, када је тихнула канонада, мајка се крстила, померала је слободну руку гледајући у ноћ. Тамо, у таму, здравећи се и грлећи децу, отишао је деда.

Отац је видео стазу, али њоме се давно нико не пење. Знао је: чим пође уз нагиб угледаће реку. Видеће са брда жену која пере веш. Видеће путеве ка реци и газове. Стаза је иста као у време хајдуковања деде. Није умро по закону, нити се по закону одрекао закона. Нико није знао шта деда има или нема. Могао је да убије сваког. Рог на којем је прободен издахнуо стајао је окачен на зиду!

у презенту

Још увек снажна рука старца кога је отац први учио да перорезом зацепи корен шипка и лако надева пелцере разнобојних ружа, моторном тестером сече ДРВО У ДВОРИШТУ. Зупци тестере, звучно и упорно улазе у стабло дрвета. Разбацују трину. Диже се дим мотора.

„То није само моја освета“, глас ће.

„То је освета времена. У сваком тренутку се, на истом месту, налази прошлост и будућност.“

„Не знам? Ово је ДРВО твог оца. Присвојио га је после сађења. Труну ће с њим. И он и ја смо поражени. Волимо да наше односимо са нама. Не могу, као ти, да одем до реке и незаинтересовано гледам прошлост пуну војника, вагабунди и солдатуша. Калемили смо дрвеће да би деци причали како ће нас на пролеће дочекати цветови, а на јесен ће у школи писати о берби плодова. Гледали смо матичњаке. Стотину пута смо пробали да биљке непрималице ипак прихвате надев, али се калем годинама суши тако да му ни промена мелема, ни рука која бди над њим, не помажу.“

„Немој на иструганим даскама да урезујеш грифоне, ратнике, нимфе.“

„Сандук мора бити савршенији од леша кога ће чувати.“

„Ако споро будеш правио ковчег отац ће умрети и иструлити пре него што ти ковчег – слушајући дамаре биљака – завршиш.“

„ДРВО је расло заједно с твојим оцем. Прво ће бити колевка, затим кревет и тек на крају сандук; заборав.“

„Ако ренде и длето у ДРВЕТУ стварају фигуре са исплаженим језицима, везане за ваш живот, боље да не поштујем очеве жеље. Пожури зато!“

„Нећу да журим! Смрт мора да чека. ДРВО које је узгајао, кога се сећао у рату, које је калемио, чија је крошња чешала зид куће, чији су му плодови отхранили децу, чека га за мртвачки сандук.“

ДРУГА

Сликали су се на прагу куће.

У дворишту, у сенци трешње, штрчале су вилице и жута марама старице. Очни капци, обрве и дупља су смежурани, а очи увучене и полуслепе. Како су пејзажи одувек непромењени старица их описује по сећању. Набраја боје предмета, брда, змајеве, видовњаке, русалке.

Од дворишта до удаљеног брда трепери ваздух. Чује се просипање воде, шкрипа ђерма, уда-љена песма. Са брда долази бука. Котрља се низ стрмину носећи са собом звуке и купећи шумове. При дну брда из клупка се не могу издвојити зуј пчела, треперење крила, зов звери, шуштање лишћа.

Глава старице је окренута ка прагу куће. Осмехује се. Због бора осмех личи на рану искривљену и болну. Све што се радосније смеје рана се шири, те се претвара у ожиљак који почиње да бриди приликом померања усана.

Кућа и башта су у светлу. Вињага, испод које се налази сто, шушти. На столу је ибрик. Немарно су одбачене чаше. Столице су удаљене од стола. Знаци малопређашњег спокојства гостију: разговор. Смех. Шале. Задиркивање дечака који трчкара око стола.

Жена на прагу је држала дете у наручју. Оно је махало неком ко се није видео на фотографији. Човек поред жене је увртао брокове, намештао капу. Лик му је био озбиљан, а главу је примицао детету. Човек личи на птицу која се плаши да не удари у стакло, те се зауставља неколико сантиметара од свог лика и лебди пред њим машући крилима. Птица жели да се увери: да ли је у огледалу стварно њен лик? Али јој се обриси, приликом сваког покрета, чине другачијим.

Путем нико није пролазио.

Било је лето. Слику су ставили у мали четвртасти рам зелене боје. Дете је дотрчало и донело ексер. Прсти су му умазани, јер је то био тренутак када може претурати по фиокама: напуњене су дугмадима, крпицама, коштицама од воћа.

Донели су столицу. Подигли су дечака. Он је нејаком руком држећи чекић куцао ексер. Зид се тресао. Са плафона се откидала прашина и попут чаршава спуштала се на њихова радосна лица. Рам су обесили о ексер. Склонили су столицу. Удаљили су се од зида. Дуго су гледали фотографију.

Дечак брише стакло. Примиче главу прозору. Слабо светло омогућава да поглед претражује углове. Поред шпорета седе два детета, као на платну везиљином руком извежена. Пуцкета ватра. Пламен баца сенке деце на зидове.

Рука одшкрине врата. Ствари у соби више нису непомичне. Затрепери светло. Зазвече жице на полици. Са стола слети кључ. Бива угашена свећа.

Детиња глава провири. Дете види фигуру жене. Поглед је прати док се клати њена покретљива силуета. Кућа и двориште изгледају донети од ветра. Ограда се закачила невидљивим нитима те је ветар и даље шиба. Када се затворе врата тачке пепела падају меко по соби. Чује се јаук жене који ветар извлачи из собе и меша са лавежом паса. Два детета покушавају да опонашају мајчине покрете. Прсте дуго задржавају на челу. Затим круже рукама. Онда жмуре. Чупају косу и вриште. Али то траје тренутак: тај наступ таме. Деца се уплаше шуме иза леђа, звука којим пуца грана. Долази мирис босиљка. Отму им се капци. На тами се појави отвор. На слици, урамљеној на зиду, угледају војника са дететом на колену.

Жена плаче над оделом покојника. Лице јој је бледо, грло суво. Тело јој је малаксало. Приликом покретања главе хвата је несвестица. Ветар је са стола оборио рам. Празан је. Жена је извадила слику мужа и држи је у џепу. Жели да се његов лик, са те слике, нађе на споменику. Говори старијем детету да га је смрт однела. Неће више да се врати! Нагони дечака да прескаче секиру. Сипа му воду у врат. Дечак бежи. Дозива баку. Крије се у њеној соби.

Касније, дечак седи испред капије. Дуго седи ослањајући лактове о колена, гледајући преда се, пљујући у прашину. Онда забацује прамен косе. Затим се пење на капију. Гледа низ друм. Намрштен је. Откако му је умро отац, лице дечака је непрестано згрчено, иако су га одвели код рођака у време очеве смрти и сахране.

„Мали шта чекаш ту?“, пита га сусед.

Дечак је сишао са капије. Поново седи на пању испред ограде. Гледа човека који се појављује поред плота. Носи шубару, леђа су му погрбљена, а бркови кратки и проседи.

„Ништа“, каже дечак.

Гледа у прозор и зид куће. Неће се појавити његова мајка са жеравицом и наћвама. Човек је дошао до дечака.

„Миран си“, каже му. „Не стојиш џабе на капији?“

Дечак ћути. Гледа високог човека пред собом. Затим гледа чакшире, тамну кошуљу са раскопчаним дугмадима, тојагу на коју се ослања човекова рука, а онда ставља главу на дланове.

„Пазим да смрт не дође“, каже.

Сусед се осмехује. Не разуме дечака. Брише лице и намешта шубару. Ветар што трепери у лишћу распоређује сенке по њему.

„И ја бих хтео да пазим на њу, али не знам каква је.“

„Баба ми је рекла да пазим“, каже дечак.

Човек прихвата речи. Пружа руку ка детињој глави. Жели да га помилује. Ставља му руку на раме.

„Мораш дуго да чекаш?“ пита.

„Морам“, каже дечак.

„Раније ниси био ту?“ пита старац.

„Одвели су ме код деде. И...“

Лице старца се згрчи. Усеци и боре постају дубоки попут коре. Речи дечака су му тешке и болне. Покушава брзо да прође поред њега. Отвара капију и дозива укућане како би се најавио. Можда ће неко изаћи и одбранити га у случају да га пас нападне? Дечак га уставља.

„Остани и ти са мном. Имаш тојагу.“

ТРЕЋА

После смрти људи, на њих ме подсећа нека реченица коју су изговорили, заостала чаша, бачена обућа, коса остављена између грана, укоlућена, носећи у себи гнев руку које су је гњечиле, или ме на покојнике подсети лек који је заборављен остао у фиоци; таблете које гутају после ручка и вечере мрштећи се, брзо пијући воду која је припремљена стајала у чаши.

Онда сећање на мртве потпуно ишчезава. Нестаје њихова одећа. Њихови кревети бивају избачени из соба. Јела која су они волели више нико не припрема. Губе се њихове фотографије, намерно бачене од људи који своје претке више не препознају на сликама.

После смрти оца и мајке још преостаје рушење куће у којој су боравили. Тај тренутак којим се завршава пророчанство о порушеним зидовима, о месецу над полуразрушеним димњаком, непрестано одлажем. Дан у којем ћу срушити родитељску кућу стоји у календару нанизан међу толиким данима. Тог јутра, уместо да помажем мајсторима, ја тражим одбачене кључеве. Налазим редом по орамима, фиокама, шкрињама, лептирасте, избушене, обложене, голе, зарђале кључеве. Знам да ускоро неће бити брава у чије би се кључаонице могли увући и попут љубавника надраживати језичак, који ће се преосетљив — а уједно и преварен — бешумно или уз јеку окренути. Истим, као у детињству, указаће се било која соба? Кључеви никада неће отварати ниједна постојећа врата. Али они ће ми једино преостати од куће.

Преврнуо сам све углове, фиоке, рафове, и трескајући кључевима крећем се по дворишту. Остаци старе грађевине – уситњени камен, трина из греда, делићи иструлелог и покиданог рубља – могу да се потрпају и помешају са земљом. Греде и даске, прозоре и врата, тавањаче, рогове, диреке избушене клинцима и чавлима, летве од крова, цреп потамнео и поломљен, махом продах.

Двојица радника одбациваше дрвене делове куће гомилајући их да би их касније што лакше одвукли.

„Нема ту доброг", рекао је један од мајстора. „Сипац се увукао и једе. Прислони главу на греду, врата или прозор. Чућеш сипца ако га ниси слушао у детињству. А колико је од тада времена прошло? Користићу дрво само за огрев."

Ја ништа не хтедох да му кажем. Мајстори су рушили кућу у којој сам провео детињство. Уништавали су анђеле и сазидане сенке. Уз тресак су скидали прашину. Уништавали су заборављени пој у гнездима. Падала је прашина преко измета мишева. Цреп који су спуштали на земљу деца су одмах односила. Уместо крова откривала су се побрђа. Планина се – гледана са стране одакле је никада нисам видео – указивала као осветник који ломи кровове да би се исказао.

„Нешто те веже за кућу?" упита мајстор.

„Веже ме. Одрастао сам у њој."

Један радник је говорио с крова помичући руке, али га нисам чуо. На путу су чекићима лупали други радници, а на развученој жици за веш лепршао је мантил.

„Ова кућа није била добро постављена", викао је мајстор, али ја нисам могао да пратим покрете, јер ми је сунце падало у очи. Стављао сам руку на чело, кривио главу да би ми се јасним указао мајсторов лик, а онда сам одустао. Удаљио сам се од прашине која је мирисала на трулеж. Трава у целом дворишту била је прекривена сувим и љутим прахом. Кућа је лежала разбацана по дворишту, попут заклане животиње од које остаје тек једино кичма и усирена крв. Око ње људи вуку остатке, а пси чуче или трче за крвавим комадима.

Поподне је. Двориште је очишћено. Земља и камен су такође одвучени. Надао сам се киши без грмљавине и муња која би испрала очи и дах. У башту сам дошао из купатила. Мокру косу сам умотао пешкиром. Понео сам фен. Разбацивао сам косу и раздувавао је топлим ваздухом. Фен зујаше тако да је гушио глас који је допирао из звучника. Коса је летела с једне на другу страну. Сушила се и лепршала слободно. У дворишту се слегла прашина. Није било ветра да је подиже и носи. Узбуђен, размишљао сам како да уклоним трагове некадашње куће. Из собе је долазио једнолични детињи плач. Дете је било са мном али сам морао да га отерам у собу. Стајало је поред мојих ногу и ударало ме ручицама. Подигао сам га и удаљио од стола. Бацио сам му кош са играчкама. Разлетеле су се лутке, лопте, нумерисане тачкице, куће изрезане од картона. Али дете је поново јурнуло на мене и бесно ме ударало ручицама. Очи су му биле сузне, а носић слинав. Плакало је што срудих кућу. Како ће сада пронаћи баку, или где ће је чекати, док се она не буде вратила?

ПОГОВОР

Она

Читам твоје писмо. На хартији речи не личе на оружје, нити на пароле. Не знам да ли си писмом успевао да пренесеш шта желиш? Пошто време брзо пролази, стварно – што се не исказује писањем; доживљено – што се удаљава од прецизних термина, све више добијају значај. Писма постају мера, у коју се могу поуздати наводећи чињенице из живота. Писање је једини сведок наше сарадње. Јунак из писма жели да се наметне. Спрегнут је с било којом речи у реченици и то је његова основна карактеристика.

Покушавам да се противим што јунак може стајати поред било које речи. Кажем му: – Симулираш фабулу! Не волиш ником осим замишљено, а замишљено увек поистовећујеш са господ(ар)има! Али јунак је непоколебљив. Уживео се у улогу коју му нуди реченица. Зато почињем да му се ругам.

Јунак је реч међу другим речима. Могу поред имена јунака да ставим било коју реч што свакако није мој пријатељ који ми пише о неком другом. Мој пријатељ улази у текст и постаје неутралан.

Он

Немој ме поистовећивати са аутором! Он користи моја писма и белешке, али се не поистовећује са мном. И ја сам, осветљен светлошћу стоне лампе коју могу повући и нагнути ка папиру, осветлио уједначени рукопис ЊЕГОВИХ бележака. Отварао сам свеску неколико пута. Увек сам наилазио на густо исписане реченице. То су били цитати о Богу, о колективно несвесном, о премисама, о закључивању, о деловима ненаметљивог на начин мишљења, о агресивности форме:

Кратка форма је агресивна.

Био сам збуњен. Нисам био припремљен да прихватим такве текстове. Био сам у кревету, пре спавања, када најчешће прелиставам новине, тако да сам могао прочитати још неколико кратких текстова или цитата.

Не знам да ли сам после спавао или био будан, али ми се непрестано чинило да чујем откуцавање сата, испирање клозетске шоље и стропоштавање воде кроз цеви. Чинило ми се да видим жућкасту светлост која се час размиче откривајући беле цветове исењене хаљине, а час скупља и претвара у непрозирну масу пред којом жмурим.

Свеску држим у руци као неки предмет који је непознат те га окрећем и разгледам питајући се:

— Чему служи? Затим покушавам да анализирам свој однос према постојећим текстовима. И не само да сам се поистоветио са јунаком књиге, већ је аутор писао о мени. Приче су делови мог описаног живота. Затим лешкарим окрећући се час на бок, а час на леђа. Учини ми се да сам непокретан. Не могу устати. Не могу покренути ногу или руку. Могу да се покренем једино као болесник који не схвата да је одузет: крене из кревета и нађе се на поду.

Прочитао сам први део текста. Одмах сам се упитао: — Да ли текст није намерно остављен мени као и сви отпаци оних који одлазе? Аутор текстовима жели да ме узнемири као и свиме што оставља? А можда случајно, читајући текст, одабирајући разне делове, препознајем себе? Тада престајем да се осећам као припитомљена животиња која брине о храни. Где ће избацити и сакрити измет?

Соба плови, па је поново укотвљена.

Аутор користи неколико бележака о мом оцу, мајци и учитељу. Не види у текстовима прах шећера отпалог од штрудле с маком коју сам купио уместо свеске за пресовање биљака. Не види излетелог лептира којег сам ставио између два листа да би се указала само његова форма. Прах преостао од лептирових крила сасушио се.

Моје прозе, помешане са осама из инсектаријума и мрвицама хлеба, аутор користи као теме. Због сажетости моји текстови су пројекти – биће касније разрађени. Ја желим фабулу. Аутор не жели да води дијалог са јунаком књиге.

Тражио сам да избаци из књиге моје прозе и писма.

Рекао сам:

Да ли употреба глаголских облика зависи од времена у којем живи онај који их употребљава? Да ли се у диктатури употребљавају други глаголски облици него у револуцији?

Аутор узима збирку песама и чита само глаголе:

Фућкај, не обазири се, извлачи, претури, окрени се, не осврћи се. Дреждиш, ослоњен, цимаш се, увлачиш се, приближаваш ми се, умотан, узнемирен, разјарен, Бог у трпном стању.

Питао је: Да ли револуционари употребљавају ове глаголске облике?

Не желим да те слушам!

На почетку књиге приповедач је врло важан. Непрестано постоји. Ствара свет. Ствара језик, да би постепено постао само белешка. Онда и Бог ишчезава у синтакси. Прљави капути, иконе, замишљена брда, и трпни глаголски придев, остали су од Бога.

Најсигурнији начин умирања је природна смрт. Бог је није одабрао. Отац, мајка и учитељ нису имали шансу да преживе. Бог је преживео. Могао је бити један од оних који није преживео, кога је смрт удаљила од нас, донела му коначан суд, приближила га тумачима.

Не пишем му што је преживео то глупо тровање. Писао бих му и да је мртав. Подсетио бих га на мирис собе, на кафу, на фотеље, књиге и твој стас. Мени ништа не значи да ли је Бог мртав или жив. Када одлучим да му пишем, писаћу му било шта да се дешава с њим. Није важно што су смрћу границе померене, што не могу да му прочитам низ књига о њему. Једино тебе нећу да му оставим. *Он* те добро познаје.

***

„Ја оправдавам *његов* поступак“, потврдна реченица ће.

„Није у питању самоубиство. У питању је поступак. Ако га волим, не волим само његов мирис или смрад, *његове* излучевине, *његове* способности да плива, да трчи, његову жељу да открије Свету књигу. Нити га волим што осећам власт над њим, (власт језика и логике), тако да један непромишљени поступак кида везу између нас. Волим *га* другачије. Оправдавам сваки *његов* поступак. Чак и самоубиство. Подржавам *га* у свим хтењима.“

„Лако је тако говорити када је преживео“, закључна реченица ће.

„*Он* лежи у стационару, у белом мантилу, са сточићем поред главе, са још двојицом болесника, који кришом пуше и тек га понекад погледају, јер се одвојио од њих самим покушајем самоубиства. Праћен је бригом болничара да поново не насрне на *себе*.“

Јасно, савим јасно, бива гледан приближавани Бог. Светлом фењера, држаног у руци, бива ис-

пуњена тама. Виђене су очи, огромна брада која
бива помераиа док су изговаране речи. Светло
пада на папир те је осветљена дрхтава рука којом
бивају писане фусноте. Остављен је папир и Бог
је пожириван у позориште. Провођен је кроз со-
бу са мирисом лаванде. Већ су залупљена врата.
Бог је до позоришта пожириван улицом, тако да
дрвореди нису гледани. Када Бог стиже, представа је почела. Мрачно је, али сала није Семелинин
дом. Неко је постављен у упражњеној ложи. Бог
је тихо изведен из гледалишта. Улицом је послан
ка реци. (Трпни глаголски придев је немилосрдан.) Надао се да ће бити вожен сплавом, али обилним кишама изазване су поплаве. Још из далека
виђене су огромне површине мутне воде којом
бива ваљан муљ и слама. Чим је видео Енипеја Бог
је био обрадован. Седа крај њега. Земља је влажна, али Богу то не смета.

„Људе могу уништити, али не могу овладати
њима“, биле су изговорене речи.

„Шта ћеш“, рече Енипеја. „Ја руководим рекама, али реке нису моје.“

„Нећу да имам ништа с боговима. Нећу да ми
потомци буду богови. Док бивам љубавник неке
жене, престајем да будем Бог. Жена само тако
примећује да је вољена.“

БЕЛЕШКА О ПИСЦУ

Славољуб Марковић рођен је 1952. године у Ја-
ковљу.

Објавио је следеће књиге:

Пловно стање историје, КОС, Београд (1982.)
Киша из језика, Матица српска, Нови Сад (1994.)
Градиво, КОС, Београд (1993.)
Досада усвојених речника, „Филип Фишњић“,
Београд (1995.)

Коауторски роман *Пројекат* са Радомиром Ру-
пљанцем, Време књиге, Београд (1994.)

Славољуб Марковић
ДРВО У ДВОРИШТУ

*

Главни уредник
ЈОВИЦА АЋИН

*

Рецензент
ВАСА ПАВКОВИЋ

*

Лектор
МИРОСЛАВА СТОЈКОВИЋ

*

Графички уредник
ДУШАН ВУЈИЋ

*

Коректор
НАДА ГАЈИЋ

*

Издавач
И. П. РАД, д. д.
Београд, Дечанска 12

*

За издавача
ЗОРАН ВУЧИЋ

*

Припрема текста
Графички студио РАД

*

Штампа
Codex Comerce
Београд

CIP – Каталогизација у публикацији
Народна библиотека Србије, Београд

886.1–31

МАРКОВИЋ, Славољуб

Дрво у дворишту : роман / Славољуб Марковић.
– Београд : Рад, 1997 (Београд : Codex Comerce). –
84 стр. : слика аутора ; 20 cm. – (Знакови поред пута)

Белешка о писцу: стр. 79.
ISBN 86–09–00521–6

ИД=57416972